Madagascar from A to Z

Written by Grace L. Gibson

Illustrated by Soleil T. Nguyen

Translated by Michel Andriamihajanirina

Edited by Michele R. Tennant

Translation Assistance: Jill and Victor Ranaivoson

Madagasikara, A ka hatramin'ny Z

Nosoratan'i Grace L. GIBSON

Sary nataon'i Soleil T. NGUYEN

Nadikan'i Michel ANDRIAMIHAJANIRINA

Narindran'i Michele R. TENNANT

Mpandika teny Mpanampy: Jill sy Victor RANAIVOSON

Copyright © 2018 by Grace Gibson and Soleil Nguyen.
This work is licensed under a Creative Commons Attribution-Noncommercial-No Derivative Works 4.0 Unported License. To view a copy of this license, visit https://creativecommons.org/licenses/by-nc-nd/4.0/. You are free to electronically copy, distribute, and transmit this work if you attribute authorship. Please contact the University Press of Florida (http://upress.ufl.edu) to purchase print editions of the work. You must attribute the work in the manner specified by the author or licensor (but not in any way that suggests that they endorse you or your use of the work). For any reuse or distribution, you must make clear to others the license terms of this work. Any of the above conditions can be waived if you receive permission from the University Press of Florida. Nothing in this license impairs or restricts the author's moral rights.

ISBN: 978-1-944455-07-1 (paperback)

Library Press @ UF
535 Library West
PO Box 117000
Gainesville, FL 32611-7000
http://ufdc.ufl.edu/librarypress

Cataloging-in-Publication Data
Names: Gibson, Grace, author. | Nguyen, Soleil, illustrator. | Andriamihajanirina, Michel, translator. | Tennant, Michele R., editor. | George A. Smathers Libraries, publisher.
Title: Madagascar from A to Z / written by Grace Gibson, illustrated by Soleil Nguyen.
Description: Gainesville, FL : Library Press @ UF, 2018 | Text in English and Malagasy. | Summary: Madagascar from A to Z is a children's alphabet book written in English and translated into Malagasy. This colorful picture book features the endemic fauna and flora of Madagascar, and provides for children an engaging introduction to protecting these natural wonders.
Subjects: LCSH: Malagasy language-- Dictionaries, Juvenile. | Biodiversity--Madagascar--Juvenile literature. | Madagascar--Juvenile literature. | Alphabet books.
Classification: PL5376 .G53 2018

Madagascar from A to Z

Madagasikara, A ka hatramin'ny Z

The **aye-aye** searches with big eyes for bugs to eat.

Misava bibikely amin'ny masony lehibe ny **aye-aye** mba ho haniny.

The **baobab** stores water
in its thick trunk.

Mitahiry rano ao amin'ny vatany
lehibe ny **reniala**.

C is for comet moth

The **comet moth** flutters with bright yellow wings.

Misiditsidina amin'ny elany mavo sy mamiratra ny **lolo fito rambo**.

D
is for crested drongo

The crested **drongo** has tall feathers on its head.

Lava sanga eo amin'ny lohany ny **railovy**.

E

is for

elephant's foot plant

The **elephant's foot plant** has bright yellow flowers.

Mavo mazava ny vonin'ny **vontaky**.

F is for fossa

The **fossa** hunts
with teeth and claws.

Mihaza amin'ny nifiny sy ny
hohony ny **fosa**.

G is for golden bamboo lemur

The **golden bamboo lemur** munches on a bamboo snack.

Mitsako ravim-bolotara ny **varibola mena**.

H is for harrier hawk

The **harrier hawk** swoops down
to catch a mouse.

Misidina mivatravatra
ny **sihiaka** rehefa
manenjika totozy.

I
is for indri

The **indri** sings in the trees.

Mihira eny ambonin'ny hazo ny **babakoto**.

The common **jery** sleeps with
its friends at night.

Miara-matory amin'ireo namany
ny **siketribe** amin'ny alina.

The **kingfisher** has a long thin beak.

Lava sy manify ny vavan'ny **vintsy**.

The **leaf-tailed gecko**
hides in the forest.

Miafina anaty ala ny **tanafisaka**.

M is for mouse lemur

The **mouse lemur** is
furry and small.

Kely sy voloina ny **tsidy**.

N is for narrow-striped mongoose

The **narrow-striped mongoose** eats insects.

Mihinana bibikely ny **vontsira**.

O is for orchids

Orchids grow on the trees.

Maniry eny amin'ny hazo ny **hanitrin'ny ala**.

P is for panther chameleon

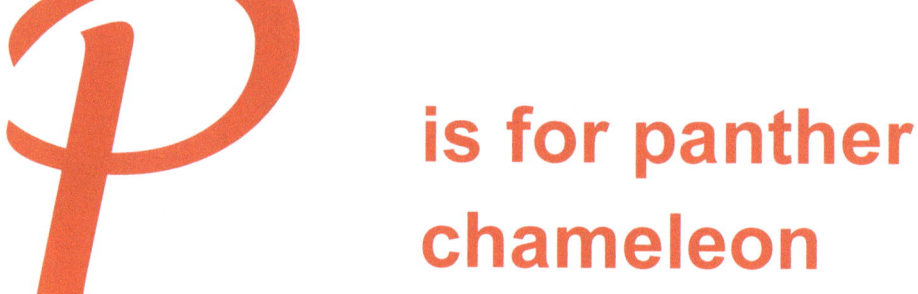

The **panther chameleon** shows off rainbow scales.

Miloko toy ny havana ny **tana**.

The **quail** searches for seeds on the ground.

Mitsindroka voan-javatra eny amin'ny tany ny **papelika**.

The **radiated tortoise** basks in the sun.

Mitanin'andro ny **sokatra**.

S is for sifaka

The **sifaka** has soft white fur.

Fotsy sy malefaka ny volon'ny **sifaka**.

T is for tomato frog

The **tomato frog** is big, red, and bright.

Ngeza, mena ary midorehitra ny **sahona voatabia**.

The **umbrella palm** provides shade and protection.

Miaro sy manome aloka ny **vantsilana**.

V is for velvet asity

The **velvet asity** has black
and green feathers.

Mainty sy maintso volo ny **asity**.

The **weevil** is red and black.

Mena sy mainty ny lokon'ny **lavatenda**.

Extinction is forever.

Mandrakizay ny **faharinganana**.

Y is for ylang ylang

The **ylang ylang** flower has a sweet scent.

Tsara hanitra ny vonikazo **ilangilangy**.

Z is for zebu

The **zebu** was brought to the island and raised by people.

Nentina teto amin'ny nosy ny **omby** ka nompian'ny olona.

Malagasy animals and plants are special. Please help protect them.

Tsy manam-paharoa ny biby sy ny zavamaniry Malagasy, koa andeha harovana izy ireo.

Grace Gibson and Soleil Nguyen are 3rd year University of Florida students from Tampa, Florida. Soleil is majoring in Architecture with an emphasis in sustainability and the built environment, and she plans to pursue a Masters of Architecture and continue her interest in sustainable practices. Grace is majoring in Environmental Science and Political Science, plans to attend graduate school, and wants to devote her life to public service by developing and implementing effective environmental policies that promote equity and sustainability. Both students became interested in Madagascar when they enrolled in librarian Michele Tennant's (Un)Common Read honors course, which focused on the book *Thank You, Madagascar: The Conservation Diaries of Alison Jolly*. Soleil and Grace partnered to create the children's book *Madagascar from A to Z* as a class project, highlighting Madagascar's incredible biodiversity. While the book is truly a collaborative work, Grace imbued her passions for education and the environment throughout the text, and Soleil's creativity is apparent through her insightful drawings.

GRACE GIBSON sy SOLEIL NGUYEN, dia samy avy any Tampa, Florida, mpianatra taona fahatelo ao amin'ny anjerimanontolon'i Florida. Soleil, dia mandalina manokana ny rafitrano sy ny fanorenana manaja ny tontolo iainana maharitra, ary mikasa ny hanohy hanao Master amin'ny rafitrano ary handalina ny fampiharana izany. Grace kosa dia mandalina ny siansa manokana momba ny tontolo iainana sy ny politika, ary eo am-piandrasana ny mari-pahaizana manokana amin'izany, ary miomana hanolotena amin'ny raharaham-bahoaka amin'ny alalan'ny fampiroboroboana sy ny fampivelarana ny politika maharitra amin'ny tontolo iainana. Nisarika ny fahalianan'izy ireo amin'i Madagasikara ny fanatrehana ny fampianarana nataon'i Michele Tennant, izay miompana manokana momba ny boky *Thank You, Madagascar: The Conservation Diaries of Alison Jolly*. Soleil sy Grace dia miara-miasa nanoratra ny boky ho an'ny ankizy *Madagascar from A to Z* izay manazava sy mampahafantatra ireo zavaboary mahatalanjon'i Madagasikara ka natao tetikasa fampiarana tao an-tsekoly. Noho ny mahavokatry ny fiaraha-miasa ity boky ity, i Grace dia maneho ny fankafizany manokana ny fanabezana ara-tontolo iainana ka navoitrany ao amin'ny lahatsoratra izany, ary i Soleil kosa dia maneho ny fahaiza-manaony sy ny fahaiza-mamorona ka nandravaka ny sary rehetra ao amin'ny boky.

Michel Andriamihajanirina is a native of Madagascar. Since 2009, he has worked in marketing and tourism throughout his country. Michel is a marketing manager for RED Company, an event communications and marketing company. He also works as a freelance English tour guide, and is the primary translator for the children's book *Madagascar from A to Z.* Michel received his Master's degree in Event Marketing and Tourism from the University of Antananarivo, and is certified by the University of South Africa through the YALI RLC SA program in Business and Enterprise Development. In everything that he undertakes, Michel strives to contribute to the global development of his country by using and sharing his skills, especially in the fields of economics and environmental preservation. He is a member of associations in these fields, and volunteers in the Civil Society Organization. Michel believes that an eco-friendly mindset applied to development can result in sustainable solutions to environmental challenges.

MICHEL ANDRIAMIHAJANIRINA dia teratany Malagasy. Nanomboka niasa teo amin'ny sehatra ara-barotra sy ny fizahantany manerana an'i Madagasikara izy ny taona 2009. Ankoatra izany i Michel koa, dia mpandraharaha ara-barotra ao amin'ny RED company, izay orinasa misehatra ny varotra sy fifandraisana ary ny fikarakarana hetsika. Izy ihany koa dia mpiseradia miteny anglisy. Ary izy no mpanidika teny voalohany ny boky ho an'ny ankizy *Madagascar from A to Z*. Michel dia manana ny mari-pahaizana "Master en Marketing évenémentiel et tourisme" avy ao amin'ny Oniversiten' Antananarivo, ary nahazo ny certificat momban'ny "Business and Enterprise Development" izay nomen'ny University of South Africa tamin'ny YALI RLC SA program. Amin'ireo zavatra rehetra izay ataony, Michel dia miezaka ny hitondra ny anjarany amin'ny fampandrosoana ny fireneny amin'ny alalan'ny fizarana sy ny fampiasana ireo trakefany, indrindra eo amin'ny lafiny ekonomika sy ny fitandrona ny tontolo iainana. Izy dia mpikambana amin'ny fikambanana miasa amin'ireo sehatra ireo, ambonin'izany, izy dia mpilatsaka an-tsitrapo ao amin'ny firaisamonim-pirenena ihany koa. Michel dia mino fa ny toe-tsaina ekolojika miantefa any amin'ny fampandrosoana no tena vahaolana maharitra amin'ny resaka fitandroana ny tontolo iainana.

www.ingramcontent.com/pod-product-compliance
Lightning Source LLC
Chambersburg PA
CBHW042032150426
43200CB00002B/28